Hurra, wir steuern unsere Excellence

Udo Schmidt

Hurra, wir steuern unsere Excellence

Beispiele und Hinweise
für das
Steuern der Anwendungsgüte
in einem
geschlossenen Regelkreis (PDCA).

Bibliografische Information der deutschen
Nationalbibliothek
Die Nationalbibliothek verzeichnet diese Publikation in
der deutschen Nationalbibliografie; detaillierte
bibliografische Daten sind im Internet über
http://dnb.dnb.de abrufbar

© 2019 Udo Schmidt
Hurra, wir steuern unsere Excellence
Herstellung und Verlag:
BoD – Books on Demand, Norderstedt

ISBN 9783748171911

Danksagung / Widmung

Die bemerkenswerten Unterschiede in den ehrenamtlichen Tätigkeiten als Assessor in den Preisverfahren des LEP und des PE-awards zu den kommerziellen Arbeiten als Berater und Interim waren immer wieder Anlass zu Gesprächen im Kollegenkreis und der Familie.

Der entscheidende Hinweis für dieses Buch entstammt eindeutig den Gesprächen in der Familie. Zitat Anfang: „Wenn Transparenz schon so ein Reizwort ist, dann schreib das doch mal auf." Zitat Ende.

Die Familie hat nicht nur den endgültigen Auslöser für das Buch gegeben, sondern sich auch in der Entstehung der Texte immer als kritischer und immer hilfreicher und konstruktiver Spiegel eingebracht.

Deshalb mein besonderer Dank hier meiner Ehefrau und meinem Sohn, sowie dessen Gattin.

Die Diskussionen im Umfeld des Fachkreises „Qualität und Projekte" der DGQ/GPM zum Thema Transparenz im Geschäftsgang der Unternehmen waren die weitere dankenswerte Anregung. Insbesondere die möglichen Interpretationen von Transparenz allgemein, in Gruppen und beim Einzelnen hatte Einfluss auf die Dialogform des Buches.

Dafür mein Dank an die Teilnehmer des Fachkreises „Qualität und Projekte".

Inhalt

Für den schnellen Leser:

Dieses Buch richtet sich an Leser, die sich mit den Themen

> Personalentwicklung im Unternehmen (nachhaltig)
> Güte des nachhaltigen Vorgehens in Projekten und Unternehmen

befassen und/oder befassen wollen.

Natürlich spricht es auch alle weiteren Interessierten an.

Das Buch gliedert sich in eine Einleitung zum Buch und 5 Episoden:

> Personalentwicklung im Projektmanagement
  in der Episode 1
  Notwendigkeit und Möglichkeiten des Steuerns der **Abwicklungsgüte in Projekten**
> Die **Messmethodik** zur Abwicklungsgüte
  in der Episode 2
  Steuern ist mit Zielen und Messgrößen einfacher.
> Die Mitarbeiter in Projektteams
  in der Episode 3
  Konsequenzen für die nachhaltige **Personalentwicklung** der Mitarbeiter in den Projektteams / dem Projektmanagement.
> Analogie von Projekten und Unternehmen
  in der Episode 4
  Möglichkeit des **Übertragen**s einer Denkweise für Projekte auf das gesamte Unternehmen.
> **Nachhaltigkeit** und **Hartnäckigkeit**
  in der Episode 5

Die Texte sind als „Gespräche" geschrieben.

Jede Ähnlichkeit zu realen Gegebenheiten ist zwar möglich aber so rein zufällig. Alle handelnden Personen und Namen sind frei erfunden.

Einleitung zum Buch:

Organisationsentwicklung und Personalentwicklung sind in jedem Unternehmen Themenbereiche, die permanenter Aufmerksamkeit bedürfen.
Mit dem bestehenden Qualitätsmanagement und Projektmanagement gibt es intensive Wechselwirkung.

Dieses Buch nimmt die Position von Qualitäts- und Projektmanagement ein.
Es betrachtet von hier die vorgenannten Wechselwirkungen, wie auch die Abwicklungsgüte der relevanten Prozesse.
Insbesondere geht das Buch darauf ein, wie die notwendigen Fähigkeiten und Fertigkeiten dazu gesteuert werden können.
Es zeigt weiterhin, dass der effektive und effiziente Einsatz dieser Fertigkeiten und Fähigkeiten über einen geschlossenen Regelkreis abgesichert werden kann.

Das Buch schildert dazu „fiktive" Episoden aus der operativen Arbeit der „fiktiven" TA-GmbH (Tolle Anlagen GmbH).
In den Schilderungen sind Anregungen enthalten.
Sie sind als Fragen oder als direkte Lösungen in der beschriebenen Situation formuliert.

Diese Informationen und Anregungen zu nutzen, überlässt der Autor ganz bewusst dem Leser.
Jede Nutzung kann und sollte der Leser vor dem speziellen Hintergrund seines Berufslebens / seines Projektes / seines Unternehmens individuell anpassen.

Lassen Sie sich nun in das Unternehmen TA-GmbH "entführen":
(Eine Beschreibung der handelnden Personen finden Sie am Ende des Buches)

Aktuelle Situation der TA-GmbH heute:

Die TA-GmbH hat 2006 der PE-award[1] (Project Excellence-award) gewonnen.

Seit der Zeit hat sich der Umsatz des Unternehmens verdreifacht. Die bestellten und ausgelieferten Anlagen pro Jahr (output) sind von 20 auf 105 gestiegen.

Ausschließlich ausgewählte Ersatzteile (Kern-knowhow-Bauteile) werden in Kleinserie produziert.

Die Steigerung von Umsatz und output brachte eine Ausweitung auf den Weltmarkt mit sich.

Das Unternehmen bedient seine Kunden vom inländischen Standort, der weiteres Wachstum zulässt.

Es schreibt schwarze Zahlen und ist in der Region und der Wirtschaft sehr angesehen.

Nach der Erfahrung mit dem PE-award hat sich das Unternehmen an weiteren nationalen Wirtschaftspreisen beteiligt, z.B. great place to work®[2], etc..

Den LEP (Ludwig-Erhard-Preis[3]) kennt das Unternehmen zwar, hat aber noch nicht teilgenommen. Bisher wurde der Aufwand als zu groß eingeschätzt und ein primärer Nutzen ist nicht erkannt worden.

Das Unternehmen hat die Vorgehensweisen der Preise als Management-Methoden identifiziert. Die Mitarbeiter und alle Interessengruppen sind darüber informiert. Die Bedeutung dieser Management-Methoden für das Unternehmen wird individuell interpretiert. Dieser Sachverhalt ist der Unternehmensführung bekannt.

---

[1] https://www.project-excellence-award.de/start/
[2] https://www.greatplacetowork.de/
[3] https://ilep.de/Programmbereich/p-cmx53f328bd49ac3/mp-Ludwig-Erhard-Preis/rp-cmx53f328bd49ac3/cmx53f328bd49ac3.html

Das beschriebene Wachstum konnte nur durch eine kontinuierliche Anpassung der Mitarbeiterzahlen von 175 auf 325 bedient werden. Die Organisation des Unternehmens begleitete das Wachstum durch sowohl reaktive, als auch proaktive Anpassungen. Zum Beispiele: das Optimierung der Prozesslandschaft, das Anpassen der Organigramme, ein besonderes Augenmerk auf Kommunikation intern und extern.

Insbesondere der Projektprozess, als der anerkannte zentrale Wertschöpfungsprozess, wurde aufmerksam gestaltet. Dieser Prozess beginnt bei der ersten Anfrage / Angebot und endet mit dem Ende der Gewährleistung. Er ist als so genannter „Quality-Gate-Prozess"[4] vereinbart. Die Leitung des Projektmanagement (PM) ist Prozesseigentümer. Die Berichte des PM führen sowohl eine Güte der Prozessgestaltung als auch eine Abwicklungsgüte in dem jeweiligen Projekt.

Im PM fand auch der relativ größte Aufbau an Personal statt.
Die Mitarbeiter sind im Laufe der Zeit immer mehr von so genannten „Eigengewächsen" zu so genannten „Quereinsteigern" geworden. Bisher hat das Unternehmen mit der Auswahl der neuen Mitarbeiter ein glückliches Händchen gehabt. Die neuen Kompetenzen waren passgenau, die Mitarbeiter fügten sich gut in die Unternehmenskultur ein.
Allerdings wird es zunehmend schwieriger und aufwändiger solche Mitarbeiter zu finden.

Vor diesem Hintergrund spielen sich die folgenden Episoden in der TA-GmbH ab.

---

[4] https://de.wikipedia.org/wiki/Quality_Gate

Episode 1
Personalentwicklung im
Projektmanagement:

Die aktuelle Herausforderung besteht in der Begleitung/Entwicklung der Mitarbeiter im Projektmanagement.

Frau Maria Weitblick, die Geschäftsführerin der TA-GmbH, hat deshalb die Personalabteilung und das PM gemeinsam gebeten ein Konzept für die Personalentwicklung im PM zu erstellen.
Diese Personalentwicklung soll nachhaltig und nachweislich wirksam sein.
Die Umsetzung im PM wird als Pilot angesehen.

Für die Personalentwicklung haben sich dazu Frau Silke Human und aus dem Projektmanagement Herr Heinz Erfahrungsreich zusammengeschlossen.
Die Aufgabenstellung ist als Projekt verstanden worden.
Frau Human und Herr Erfahrungsreich sind als gemeinsame Projektleitung benannt.

Einen ersten Vorschlag wollten die beiden innerhalb von 2 Wochen bei Frau Weitblick präsentieren.

In der Vorbereitung zu dem Termin haben sie das Bild 1 „PE des PM im PDCA" an Frau Weitblick gesandt.

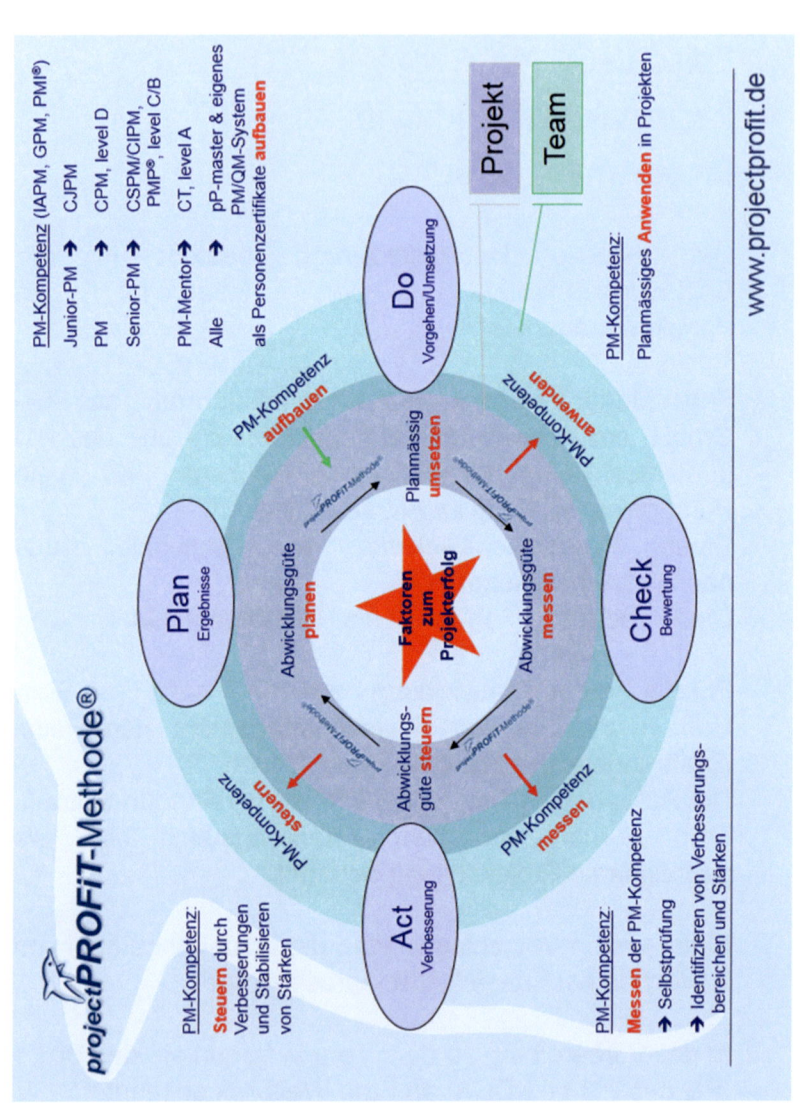

Bild 1 PE des PM im PDCA

Zum Termin trafen sich Frau Maria Weitblick, Frau Silke Human und Herr Heinz Erfahrungsreich persönlich. Die Rahmenbedingungen (Ziel, Dauer, Agenda) waren bereits vereinbart.

Die erste Frage von Frau Weitblick an Frau Human galt dem vorgelegten Bild:

Frau Maria Weitblick	„Warum sehe ich auf Ihrer Vorlage Verweise auf die *projectPROFiT-*Methode®?"

„Wir hatten Hilfe. … oder besser gesagt, wir mussten das Rad nicht neu erfinden. Sie kennen unseren Berater Karl Consult aus unserer Bewerbung für den PE-award2006. Herr Consult hat seit längerer Zeit schon ein Produkt „Personalentwicklung (PE) im Projektmanagement (PM) als geschlossener Regelkreis (PDCA/RADAR)". Dieses Produkt wird durch das Ihnen vorliegende Bild beschrieben. Wir dürfen Ihnen dieses mit Einvernehmen von Herrn Consult vorstellen."	*Frau Silke Human*

Frau Maria Weitblick	„Dann hätten wir unseren Termin ja auch schon viel früher haben können?"

Ein Schmunzeln wollte sich Frau Weitblick bei dieser Bemerkung nicht verkneifen, zumal Frau Human ja versucht hatte „compliant" zu antworten. Frau Human nahm die Anregung dankbar auf.

„Im Prinzip ja, aber ..... . Wie schon Radio Eriwan[5] zu sagen pflegte.“ *Frau Silke Human*

Sie machte eine Kunstpause und fuhr fort:

„Wir und damit meine ich unser Projektteam, wollten das Bild zuerst so verstehen, dass WIR es Ihnen erläutern können. *Frau Silke Human*

Weiterhin konnten wir so auch ermessen, in wie weit dieses neutrale Produkt auf unser Unternehmen anpassbar ist, ob wir das dürfen und können.“

Frau Maria Weitblick „Ich könnte also jeden aus dem Projektteam fragen. Alle würden mir die jetzt folgende Erläuterung geben?“

„Richtig, alle Beteiligten verstehen den schrittweisen Aufbau des Bildes so, wie Sie es jetzt hier in dem Bild Schritt 1 sehen. *Frau Silke Human*
Insgesamt werden es 8 Schritte sein, die wir Ihnen erläutern.
Das Bild Schritt 1 erscheint noch sehr übersichtlich. ...

---

[5] Radio Eriwan, https://de.wikipedia.org/wiki/Radio_Eriwan

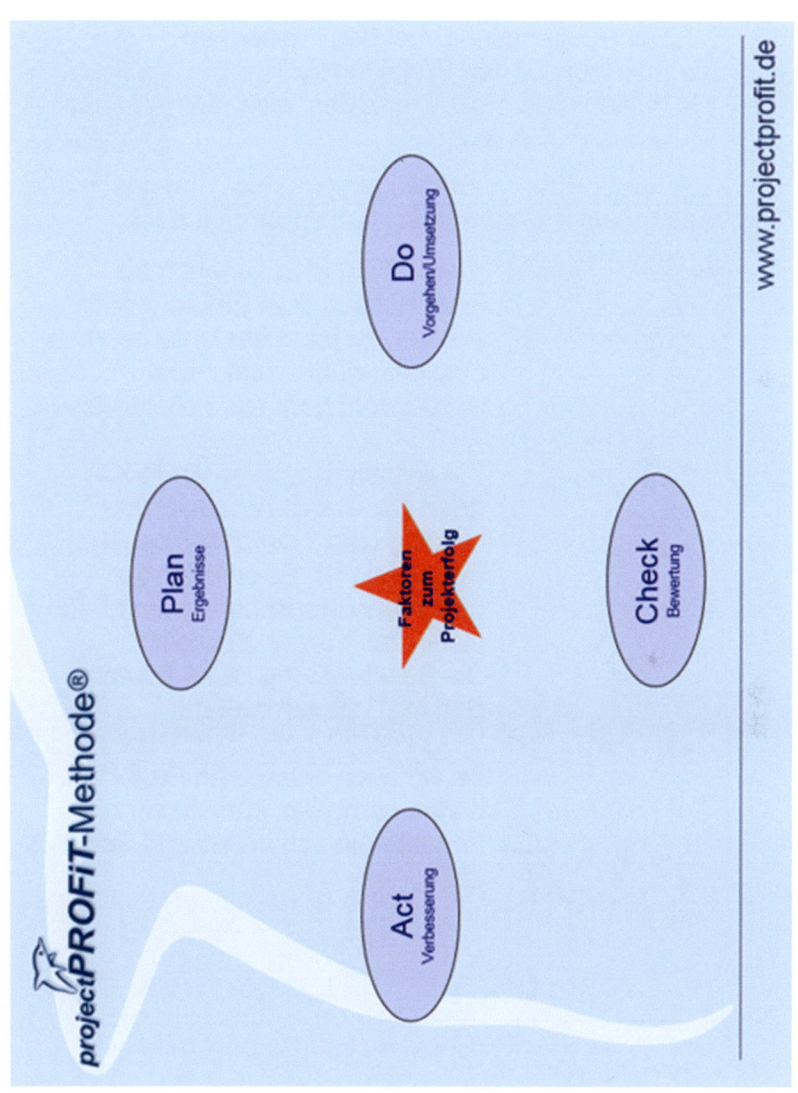

Bild 2 Schritt 1 im „PE des PM im PDCA"

… „Der Ausgangspunkt ist das Wissen um die Faktoren für den Projekterfolg[6,7]. Sie bilden den Fokus um den sich der Kreis des PDCA ordnet." *Frau Silke Human*

… und zur Bestätigung des abgestimmten Verständnisses übernahm Herr Erfahrungsreich.

Herr Heinz Erfahrungsreich

„Den PDCA, den wir auch als RADAR[8] aus dem EFQM-Modell[9] kennen, ist für unser Unternehmen eine eingeführte und meist konsequent genutzte Arbeitsweise.

Wir wissen alle, dass der PDCA (Plan-Do-Check-Act) oder das Deming-Rad[10] ein geschlossener Regelkreis ist. Es spiegelt den „gesunden Menschenverstand" für planvolles Vorgehen wieder. Die Beschreibung ist W. Edwards Deming[11] zu verdanken.

Da wir auch in unseren Projekten danach arbeiten, können wir die Projekte einfach in das Bild Schritt 2 einfügen."

---

[6] Z.B. https://www.theprojectgroup.com/blog/erfolgsfaktoren-fuer-projektmanagement/
[7] Vgl. Lechler,T., in Schelle/Reschke/Schnopp/Schub (Hrsg), Projekte erfolgreich managen, Kap 1.8, Köln 1997 und Gaul, W. & Gemünden, G & Lechler, T., Erfolgsfaktoren des Projektmanagements, Frankfurt, 1997
[8] http://www.efqm.de/radar-logik.html
[9] http://www.efqm.de/kriterienmodell.html
[10] https://de.wikipedia.org/wiki/Demingkreis
[11] https://en.wikipedia.org/wiki/W._Edwards_Deming

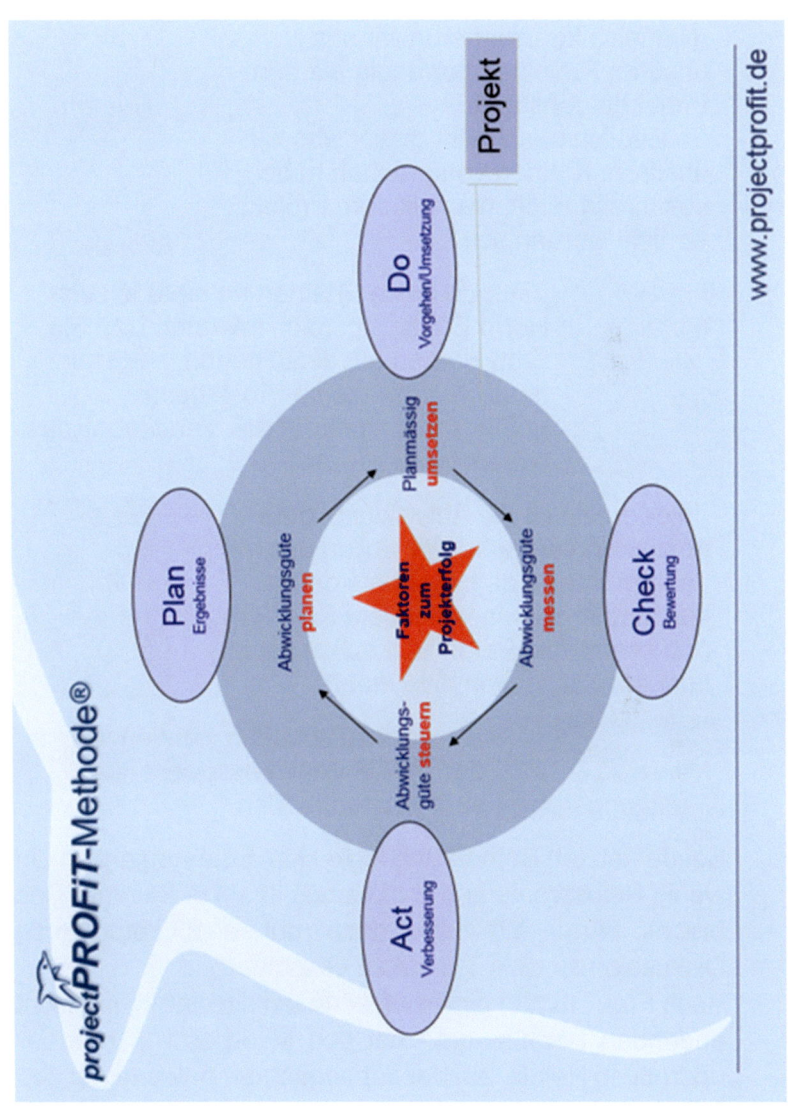

Bild 3 Schritt 2 im „PE des PM im PDCA"

„Natürlich konzentrieren wir uns in unseren Projekten vorrangig auf den Projektgegenstand. Schließlich beschreibt dieser was wir unserem Kunden versprochen haben. Er beschreibt auch, was mit dem Projekt erreicht werden soll."

Frau Silke Human

Frau Maria Weitblick

„Gerade diese Erläuterung hätte ich von Herrn Erfahrungsreich erwartet. Das Sie, Frau Human mir diese geben, zeigt mir deutlich, dass die im Projektteam geführte Abstimmung des Verständnisses extrem wertvoll war."

„In dem Bild ist die Abwicklungsgüte gesondert vermerkt. Wir wollen uns mit unserm Vorgehen besonders darauf konzentrieren, wie wir unsere Projekte abwickeln. Alle Beteiligten sollen sagen können: Toll, davon bitte mehr!"

Frau Silke Human

Herr Heinz Erfahrungsreich

„Um das zu schaffen wenden wir den PDCA ganz besonders hier sehr konsequent an."

Bei der letzten Bemerkung legte Herr Erfahrungsreich ein wenig Selbstironie und Sarkasmus in seine Stimme. Das brachte Frau Weitblick dazu auf eine kontroverse Diskussion zu dem Thema zu verzichten.

Auch Frau Human nickte wissend um die steten und nicht endenden Bemühungen bei den Mitarbeitern, trotz der operativen Hektik, auf der konsequenten Anwendung des PDCA zu bestehen.

„Die Abwicklungsgüte wird übrigens auch gerne Anwendungsgüte, „maturity" oder Reifegrad genannt.
Die Abwicklungsgüte ist für die weiteren Überlegungen der Begriff und die Messgröße für das Steuern der Faktoren zum Erfolg des Projektes."

Frau Silke Human

Herr Heinz Erfahrungsreich

Mit anderen Worten, mit der Abwicklungsgüte wird beschrieben wieviel Projektmanagement angewendet werden soll. Das ist dann unser Ziel oder SOLL.
Mit der Abwicklungsgüte wird auch gemessen ob das auch so ist. Wir erhalten unseren Status oder IST.

Die Forschung zu den Faktoren des Projekterfolges benennt und beschreibt diese Erfolgsfaktoren[6,7].
Sowohl Benennungen als auch Beschreibungen finden sich in den Modellen zur Projekt Excellence[12] und zur Business Excellence[13] wieder.

„Beide Modelle beinhalten auch Messgrößen und Messverfahren.

Das Messverfahren in unserer Bewerbung für den Projekt Excellence Preis 2006 (PE-award2006) haben wir als Selbst- und Fremdbewertung erfahren. …

Frau Silke Human

---

[12] https://www.gpm-ipma.de/fileadmin/user_upload/ueber-uns/Awards/DPEA/PE_Broschuere_web.pdf
[13] https://ilep.de/Programmbereich/p-cmx542cf9e80d591/mp-EFQM+Modell/rp-cmx542cf9e80d591/cmx542cf9e80d591.html

… „Der Prozess der Bewerbung hat uns fast ein gesamtes Jahr beschäftigt und einen Aufwand von fast 100 Personentagen verbraucht.
Für die externe maßgebende Fremdbewertung hat uns ein Team von 5 Assessoren über 3 Tage besucht.

Das war so auch in Ordnung für unsere Bewerbung zum PE-award2006."

Frau
Silke
Human

Herr
Heinz
Erfahrungsreich

„Die Messgröße für die Project Excellence läuft auf einer Scala von 0 bis 1000 Punkten.
Für die Bewertung 2006 bietet das Modell Bewertungstabellen an.
In der Bewerbung hatten wir das Projekt alleine und ohne direkte Wechselwirkung zum/vom Unternehmen betrachtet.

Wollen wir dieses Messverfahren für alle unsere Projekte nutzen, so sollten wir jedoch gerade auf diese Wechselwirkung Wert legen.
Weiterhin sollten wir die Wechselwirkungen zwischen den Projekten berücksichtigen.

Das Messverfahren des PE-award leistet das generisch leider nicht."

„Um die Abwicklungsgüte also bei uns als Steuergröße nutzen zu können, brauchen wir
-   ein deutlich schnelleres Messverfahren und …

Frau
Silke
Human

- … umfassendere Kriterien, die auch die genannten Wechselwirkungen abdecken." *Frau Silke Human*

Frau Maria Weitblick „Dem kann ich bei den Aufwänden, die Sie Frau Human gerade für unsere Bewertung im PE-award2006 genannt haben nur voll und ganz zustimmen."

„In der Vorbereitung zu unserem Gespräch haben wir uns neben dem des PE-award auch andere auf dem Markt befindliche Messverfahren angesehen, z.B. aus dem PM-Delta[14], IPMA-Delta[15], dem CMMI[16], dem OPM3[17]#, der S-O-S-Methode®[18], etc. und natürlich auch dem EFQM-Modell[13]. *Herr Heinz Erfahrungsreich*
Diese Messverfahren schieden für uns aus, weil sie für uns
- die vorgenannten Wechsel-wirkungen zum Unternehmen und den anderen Projekten nicht ausreichend abbildeten
und/oder
- der Aufwand für und die Dauer der Einzelmessung zu hoch war."

#*Hinweis für den Leser* ➔ *(siehe hierzu Vergleiche u.a. „Hurra wir sind excellent" im Teil 2 in ISBN 3-8334-1981-4)*

---

[14] PM-Delta, http://www.wop-net.de/tl_files/dynamic_dropdown/Downloads/Infoblatt%20PM%20DELTA.pdf
[15] IPMA-Delta, https://www.gpm-ipma.de/index.php?id=489
[16] CMMI, https://de.wikipedia.org/wiki/Capability_Maturity_Model_Integration
[17] OPM3, https://en.wikipedia.org/wiki/OPM3
[18] S-O-S-Methode®, https://www.bva.bund.de/DE/Organisation/Abteilungen/Abteilung_VMB/Org_Portal/02_Beratungsthemen/CCGro%C3%9FPM/SOS_Methode/node.html

Frau Silke Human	„Wir haben für uns die *projectPROFiT*-Methode® ausgewählt. … und das aus folgenden Gründen. Die Methode ➢ verbindet das Messsystem von Project und Business Excellence Modell, ➢ betrachtet so die Wechselwirkungen mit dem Unternehmen, ➢ berücksichtigt das Projekt-Portfolio und ➢ ist in seiner Anwendung schnell, variabel und wenig aufwändig."

Im Bild Schritt 3 ist die Anwendung der Methode im Projekt gezeigt.

„Dazu würde ich gerne mehr erfahren. Das machen wir aber bitte später und in einem separaten Gespräch[#]. Bis dahin nehme ich Ihre vorgenannte Behauptung als gegeben hin. Lassen Sie uns auf den nächsten Schritt des Bildes schauen."	*Frau Maria Weitblick*

[#]*Hinweis an den Leser* ➔ *siehe hierzu Episode 2*

Frau Human und Herr Erfahrungsreich konnten es so bei der Empfehlung dieser Messmethodik belassen und fortfahren:

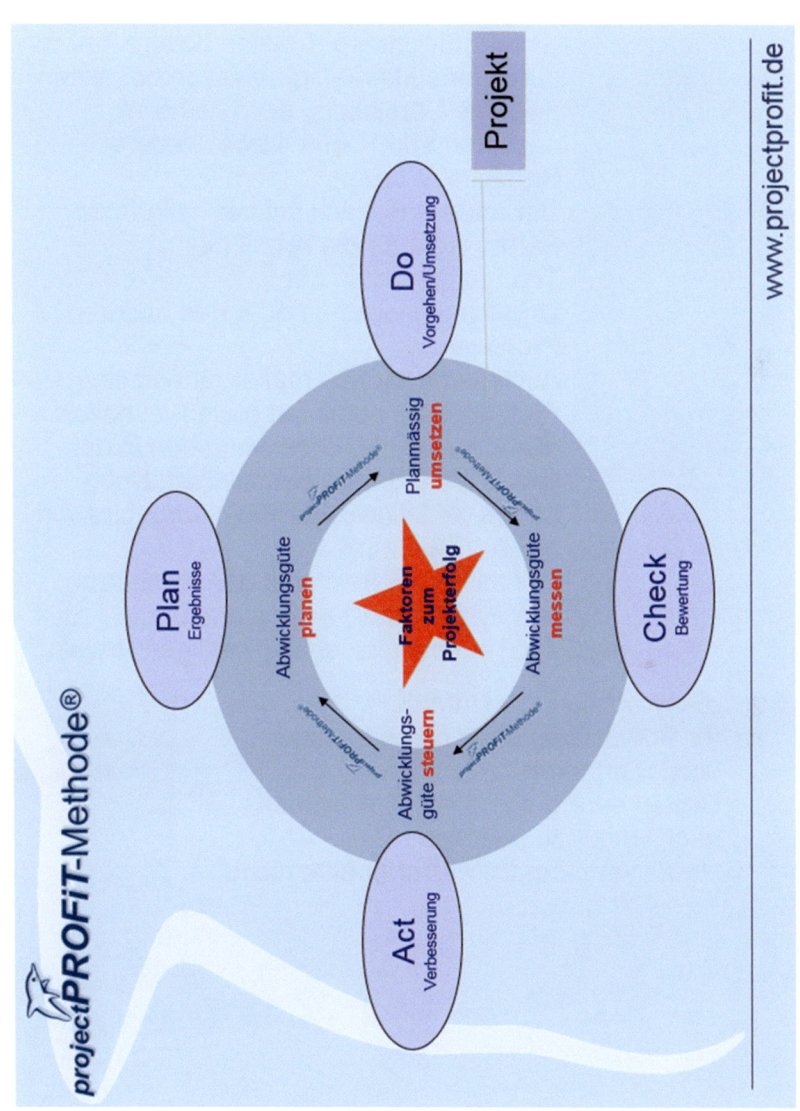

Bild 4 Schritt 3 im „PE des PM im PDCA"

Frau
Silke
Human

„Da wir für unsere Projekte unsere Teams durch eine Matrix-Organisation besetzten, zeigt die Darstellung der Teams im nächsten Bild Schritt 4 zwei weitere Bereiche / Farben.
Der äußere Bereich mit der hellgrünen Farbe, steht für die Arbeit der Teammitglieder in der Organisationseinheit oder den anderen Projekten.
Auch wenn wir Mitarbeiter für einzelne Projektteams nominiert haben, behalten diese immer noch ihre Aufgaben in der jeweiligen Organisationseinheit. Noch haben wir keine reine Projektorganisation bei der TA-GmbH.
Der mittlere Bereich mit der Mischfarbe von Projekt und Team, steht für die Arbeit der Teammitglieder im jeweiligen Projekt.“

„Sehr richtig Frau Human.
Ihr Spezialthema, an das Sie immer wieder erinnern.
Das ist sehr gut und ich bitte Sie das auch weiter zu machen.
Heute vertiefen wir das aber bitte nicht."

Frau
Maria
Weitblick

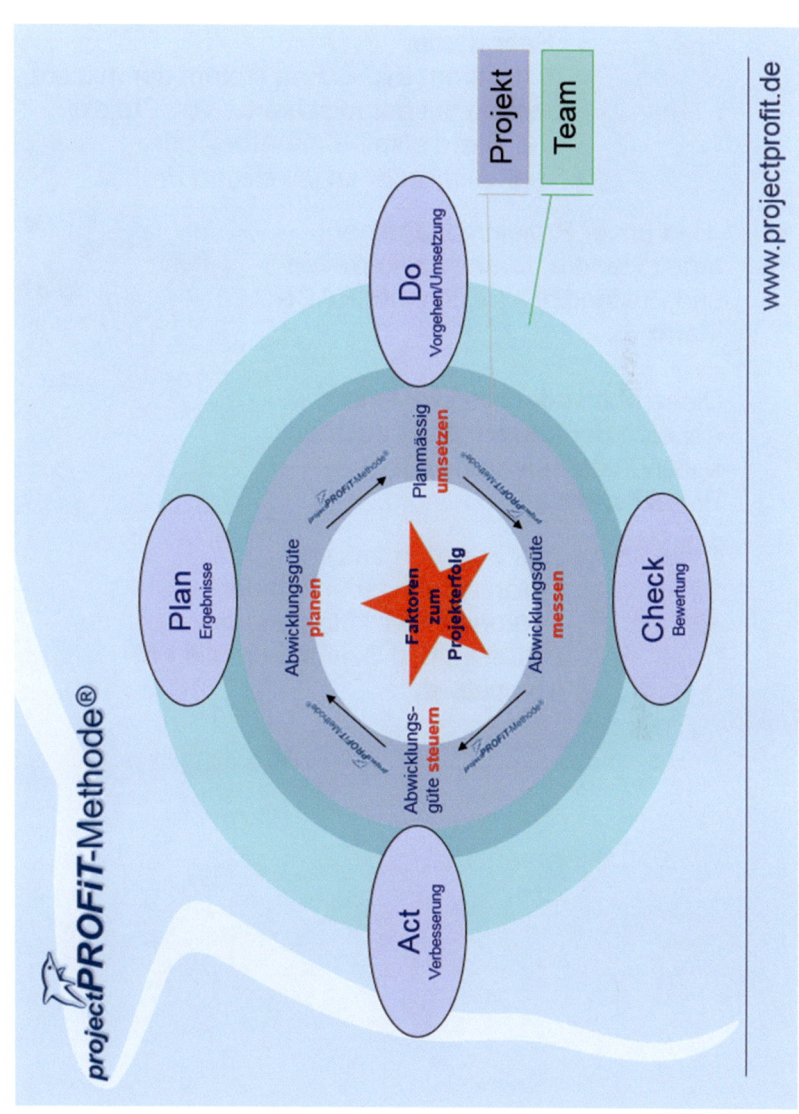

Bild 5 Schritt 4 im „PE des PM im PDCA"

Frau
Silke
Human
„Sehr gerne.
In unserem Bild Schritt 4 steht der mittlere Bereich mit der Mischfarbe von Projekt und Team also für die Arbeit der Teammitglieder im jeweiligen Projekt."

„Und unser Projektmanagement regelt klar die Verantwortlichkeiten und Zuständigkeiten in einer RACI-Matrix[19].

Herr
Heinz
Erfahrungsreich

Diese Matrix deckt sowohl die Aspekte der tradierten als auch der agilen Zusammenarbeit in Projektteams ab."

Frau
Silke
Human
„Wir befinden uns im Verantwortungsbereich der Personalentwicklung und ergänzen den PDCA im Bild Schritt 5 um die PM-Kompetenz."

---

[19] RACI-Matrix, https://de.wikipedia.org/wiki/RACI

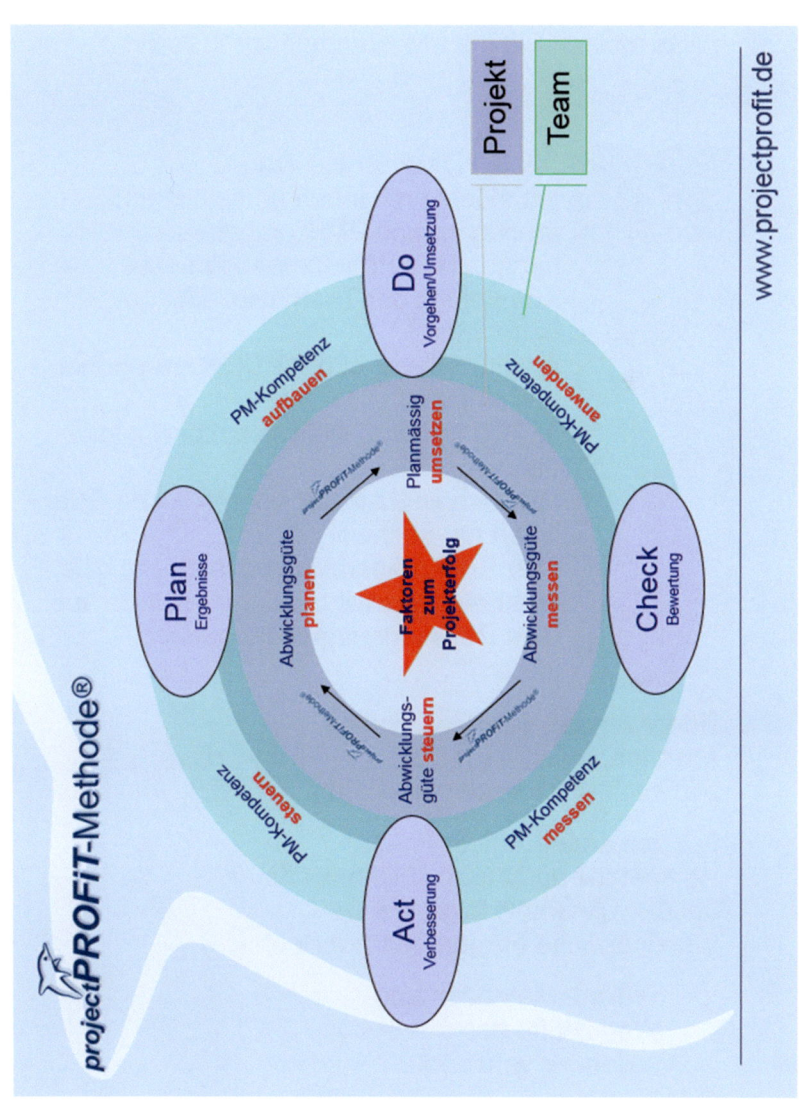

Bild 6 Schritt 5 im „PE des PM im PDCA"

„Was meinen Sie mit PM-Kompetenz?"" *Frau Maria Weitblick*

Frau Silke Human

„Vielen Dank für die Frage. Ich möchte mit Ihnen gemeinsam die grundsätzliche PM-Kompetenz oder im Langtext die Projektmanagement-Kompetenz der Teammitglieder betrachten.
Auch für diese ist der PDCA anwendbar und sinnvoll.
Im Bild Schritt 6 stellt sich das wie folgt dar.
Das Schriftfeld in der oberen linken Ecke liefert die Stichworte.
Herr Erfahrungsreich, möchten Sie bitte erläutern, was wir uns für Ihre Leute aus dem Projektmanagement gedacht haben?"

Bevor wir uns das Bild Schritt 6 ansehen, möchte ich bitte allgemeiner folgendes ausführen. *Herr Heinz Erfahrungsreich*

Für den ersten Anteil „PM-Kompetenz aufbauen" sollten wir für unsere TA-GmbH folgende grundsätzliche Fragen beantworten:

➢ Welche Methoden und Werkzeuge des PM wollen / sollen wir verwenden?

➢ Welche Vorgehensweise zur Projektabwicklung wollen / müssen wir verwenden? …

...

➤ Wollen wir eine individuelle Vorgehensweise zur Projektabwicklung als eine besondere Kompetenz unseres Unternehmens aufbauen und vermarkten?

Herr Heinz Erfahrungsreich

➤ Wollen wir unsere Mitarbeiter mit allgemein anerkannten Personenzertifikaten ausstatten und wenn ja, mit welchen?

➤ Wie steuern wir den PM-Wissens-aufbau, -übertrag und -erhalt im Unternehmen? Intern oder extern oder kombiniert?"

Herr Erfahrungsreich machte eine kurze Pause und legte das Bild Schritt 6 sichtbar auf den Tisch.

Herr Heinz Erfahrungsreich

Einerseits ist hier im Bild Schritt 6 ein Karrierepfad für die Mitarbeiter im Projektmanagement entworfen.

Andererseits sind den einzelnen Stufen des Pfades Beispiele für gängige PM-Personenzertifikate zugeordnet.

Hier finden sich nur Zertifikate aus dem tradierten Projektmanagement. Entsprechende aus dem agilen Projektmanagement können einfach ergänzt werden."

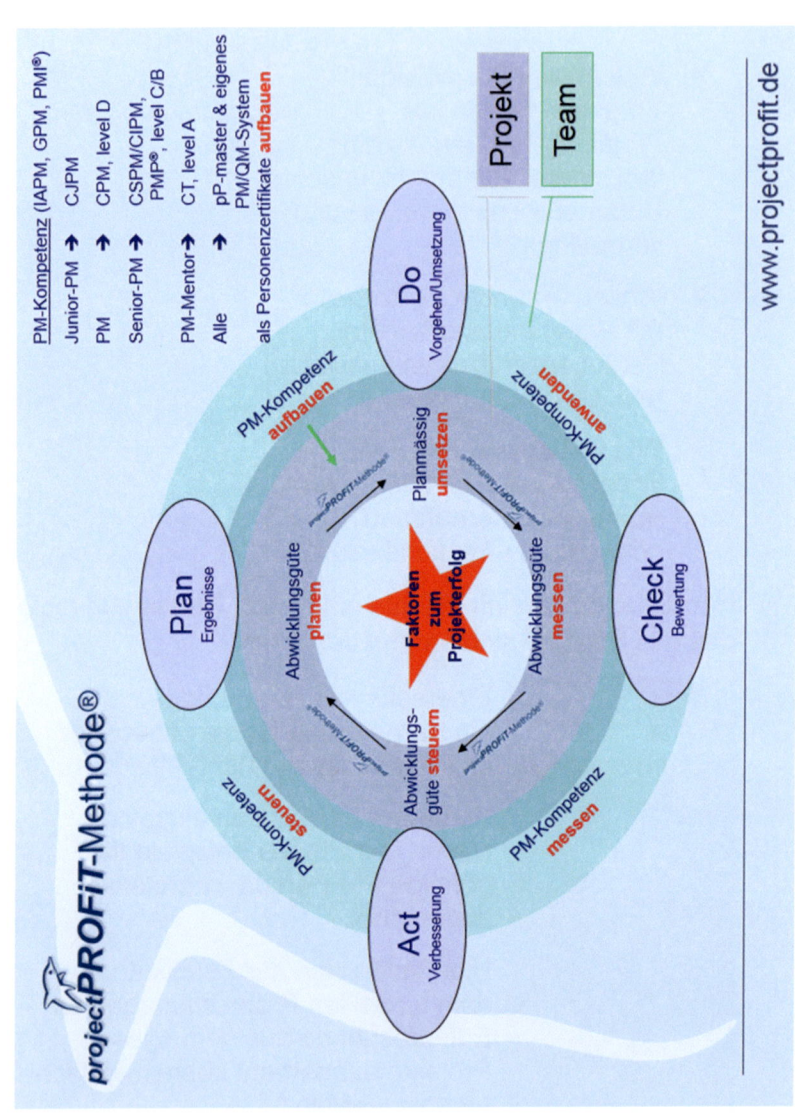

Bild 7 Schritt 6 im „PE des PM im PDCA"

„Das hört sich für mich nach einem fundierten Konzept der Personalentwicklung für uns an.

Es ist nach meiner Einschätzung nicht nur für das PM, sondern auch für jede andere Querschnittsfunktion bei uns anwendbar. Zum Beispiel für das Qualitätsmanagement oder unser SixSigma-Programm. Auch dazu möchte ich bitte Details hören. Bitte organisieren Sie einen entsprechenden Termin"

Frau Maria Weitblick

Hinweis an den Leser ➜ siehe hierzu Episode 3

Frau Silke Human

„Sehr gerne, Frau Weitblick, ich lade dazu separat ein.

Doch zurück zum Bild Schritt 6.

Mit den Antworten auf die von Herrn Erfahrungsreich genannten Fragen beschreiben wir unsere PM-Kompetenz und unser Vorgehen zur Abwicklung von Projekten.

Wir können nun für jedes Projekte planen WIEVIEL PM wir anwenden wollen. Deshalb der grüne Pfeil im Bild.

Haben wir zum Beispiel ein besonders wichtiges und großes Projekt gewonnen, so sichern wir den Erfolg mit unserer kompletten Projektmanagement-Kompetenz ab. Bei kleineren Projekten können wir uns überlegen nur Teile unseres PM-Wissens anzuwenden. ….

Frau *Silke* *Human*	… Möglicherweise nutzen wir das für eine Gruppierung unserer Projekte in zum Beispiel die Gruppen A/B/C. An diese Gruppierung könnten wir dann Extrakte unseres Projektmanagement-Prozesses anbinden. Auch wäre eine entsprechende Kennzeichnung der PM-Prozesselemente mit der „Gruppenrelevanz" möglich. Und ja, wir haben erkannt und akzeptiert, dass hier eine Aufgabe gemeinsam mit dem Projekt- und dem Prozessmanagement in unserem Haus entstanden ist."

„Auch diese Aufgabe möchten wir heute nicht vertiefen, sondern Ihnen schildern, wie sich der Regelkreis vom Planen aus weiter entwickelt und zum Planen wieder schließt."	Herr Heinz Erfahrungsreich

Frau *Maria* *Weitblick*	Einverstanden. Nehmen Sie die Projektgruppierung bitte auf Ihre To-Do-Liste.

„Gerne. Nun zum Bild Schritt 7. Mit dem Plan WIEVIEL PM- / Abwickungsgüte anzuwenden ist, starten wir mit der Abwicklung und setzten im Do den Plan genau so im Projekt um. Sollten wir dabei feststellen, dass unser Plan nicht passt, so nutzen wir unseren erprobten Prozess für Änderungen (Change-Order-Process).	Herr Heinz Erfahrungsreich

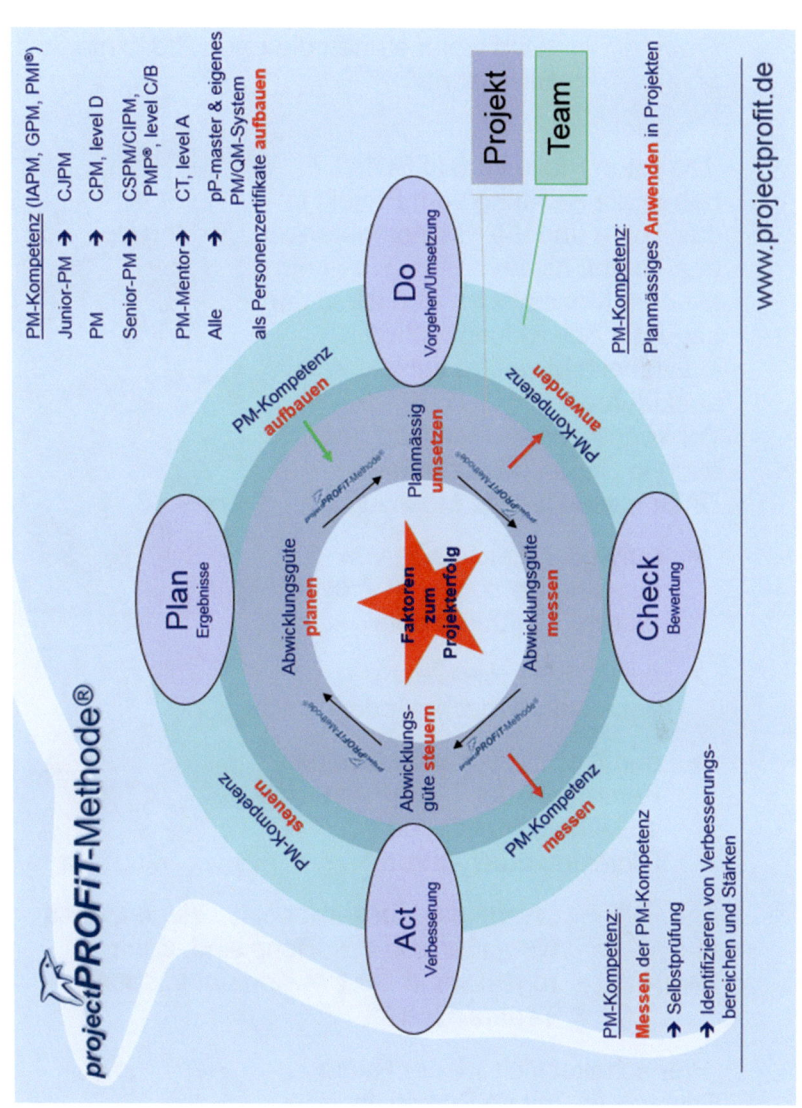

Bild 8 Schritt 7 im „PE des PM im PDCA"

Frau Maria Weitblick	„Und wofür stehen die roten Pfeile hier im Bild Schritt 7?"

„Die roten Pfeile im Bild Schritt 7 haben die Richtung vom Projekt in das Team und die PM-Kompetenz des Teams hinein. Mit dem Messsystem sind wir in der Lage die Abwicklungsgüte als individuelle Messung subjektiv auszuführen. Wir können diese Messung aber auch in Stufen neutralisieren. Dafür lassen wir die Messung	Herr Heinz Erfahrungsreich

> entweder gleichzeitig von einzelne Personen im Projekt (intern) ausführen oder

> durch das Projektteam gemeinsam machen oder

> durch entsprechend einzelne Personen oder Teams von außerhalb (extern) des Projektes durchführen."

Frau Maria Weitblick	„Wenn die Messergebnisse zeigen, dass wir außerhalb des Plans sind, dann regeln wir in der PM-Kompetenz des Teams nach?""

„Hier schaltet sich wieder Radio Eriwan[5] ein, mit im Prinzip Ja, aber. …	Herr Heinz Erfahrungsreich

…
Das gilt natürlich sowohl für zu viel Abwicklungsgüte, wie auch für zu wenig davon, jeweils gemessen an unserem Planwert. Den Prozess für Projektänderungen wenden wir auch für die Abwicklungsgüte an. So erreichen wir immer einen aktuellen Plan."

Herr
Heinz
Erfahrungsreich

Frau
Maria
Weitblick

„Dann müssen wir ja kontinuierlich messen!
Geht das mit der Methode und ist das nicht doch zu viel Aufwand?
Werden die Projektteams damit nicht überlastet oder unnötig belastet?

„Das sind sehr berechtigte Fragen, die wir auch erörtert haben.
Unser Messsystem, bestehend aus Messgröße und Messmethodik, wie in der *project***PROFiT**-Methode® beschrieben.
Ja, wir können eine Messung grundsätzlich zu jedem Zeitpunkt der Projektabwicklung und dadurch beinahe kontinuierlich ausführen.

Aber unsere Regulative für die Auswahl der Durchführung sind

Herr
Heinz
Erfahrungsreich

➢ der Aufwand für die Durchführung
und
➢ die Neutralität der Ergebnisse.
…

…
Als ideale Messzeitpunkte haben sich die Quality-Gates (Meilensteine) bestätigt.

Herr Heinz Erfahrungsreich

Wenn ausschließlich auf die Laufzeit des Projektes bezogen Messpunkte verwendet werden sollen, bieten sich Zeitpunkte

➢ nach ca. 1/3,
➢ zur Hälfte und
➢ nach ca. 3/4 des Projektes an.

Eine Messung zum Ende des Projektes hat für das Projekt selbst keine Auswirkungen mehr.
Sie ist aber dringend zu empfehlen als Unterstützung beim lessons learned."

Frau Maria Weitblick

„Das klingt ganz schön aufwändig."

„Ja, es klingt nicht nur aufwändig sondern auch komplex. Es ist aber weder das eine noch da andere.
Für den Aufwand gibt es praktische Erfahrungen[20].
Diese zeigen uns, dass wir den Aufwand beherrschen und mit ein wenig Training optimieren können.
Bis hin zu „10-Minuten-Messungen" für eine individuelle Bewertung.

Frau Silke Human

Frau Maria Weitblick

„Und warum nicht komplex?"

---

[20] „Hurra wir sind excellent" Teil 3, ISBN 978-3-924841-34-8

„Die Komplexität haben wir über die Hilfsmittel und die Kenntnisse der Messmethodik unter Kontrolle. Wir können uns hier das notwendige Wissen intern schaffen und erhalten."

Herr
Heinz
Erfahrungsreich

Frau
Silke
Human

„Wir hatten doch auch noch einen weiteren Nutzen, Herr Erfahrungsreich!"

„Richtig!
Ganz besonders interessant sind das Bewertungsergebnis der Abwicklungsgüte, sowie unser Umgang damit.
Hier im nächsten Bild Schritt 8 befinden wir uns jetzt im Bereich Act des PDCA.
Wir betrachten „Nachbessern", „Erhalten" und „Optimieren" oder das Steuern der Abwicklungsgüte."

Herr
Heinz
Erfahrungsreich

Die Ergebnisse für die Abwicklungsgüte geben Hinweise darauf,

➢ WAS in dem Projekt weniger oder gut läuft.

➢ WO die mögliche Ursache liegt

➢ WIE wir auf die Stärken und Verbesserungspotentiale reagieren können."

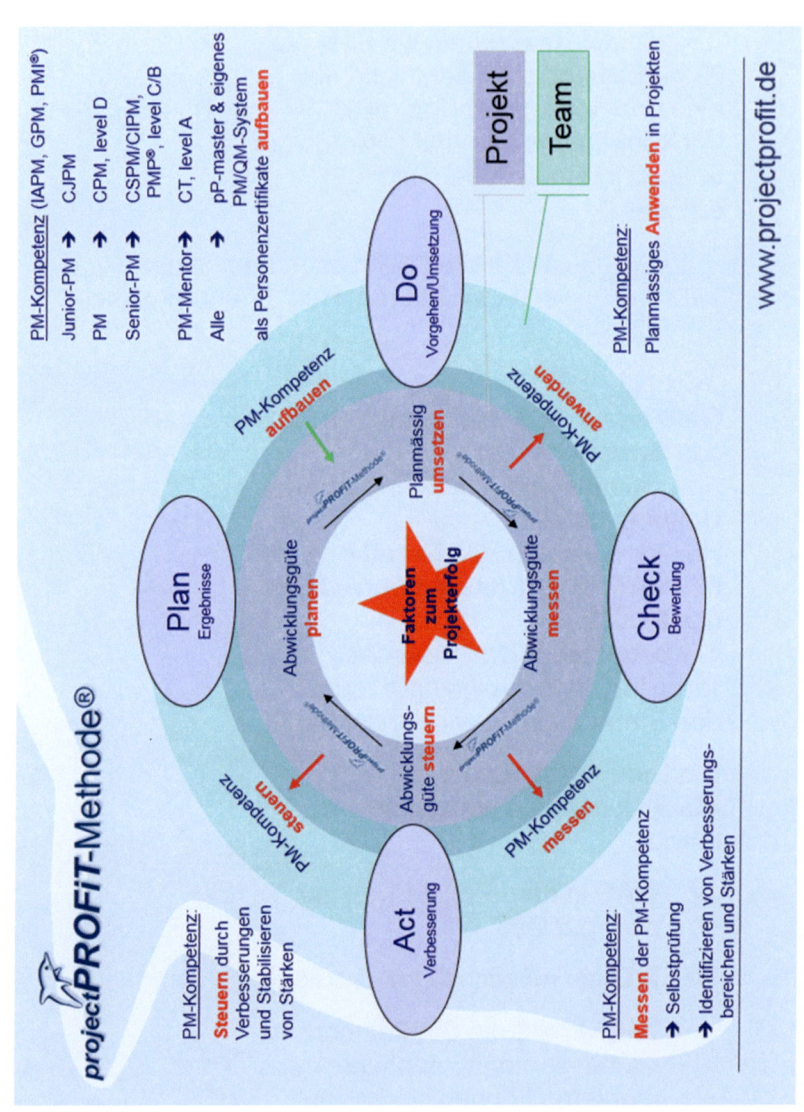

Bild 9 Schritt 8 im „PE des PM im PDCA"

Frau
Maria
Weitblick

„Die beiden ersten Punkte Ihrer Aufzählung leuchten mir direkt ein, Herr Erfahrungsreich, aber den letzten Punkt müssen Sie mir bitte weiter erläutern."

Natürlich, gerne.
Nun ja, die Messsysteme der Excellence Modelle basieren auf der Fragetechnik

Herr
Heinz
Erfahrungsreich

➢ OB,
➢ WARUM und
➢ WIE

das Unternehmen zu einzelnen Themen der Erfolgsfaktoren etwas macht.
Erfolgsfaktoren gibt es nachweislich nicht nur für das Projektmanagement, sondern auch für den Erfolg des Unternehmens[13]."

Frau
Maria
Weitblick

„Also nach dem WIE zu fragen, verstehe ich sofort.
Das OB und das WARUM sind für mich, doppelt. Beziehungsweise wenn die Erfolgsfaktoren für Projekt und Unternehmen erwiesen sind, dann ist es doch nur folgerichtig, dass ich auch damit arbeite!"

„Da haben Sie im Prinzip Recht aber:

Frau
Silke
Human

➢ Die Modelle sind ja generisch aufgebaut. Das heißt, sie passen für alle.
➢ Das individuelle Projekt / das individuelle Unternehmen ist besonders und jeweils etwas anders.
…

...
> „Folgerichtig passen einige der Erfolgsfaktoren aus den Modellen und einige passen nicht oder nicht so.

Frau Silke Human

Mit einer fundierten Begründung „WARUM" ist immer nachweisbar, dass die Auswahl mittels „OB" jeweils richtig ist.
Das gilt natürlich auch für eine Auswahl zu „OB NICHT".

Herr Heinz Erfahrungsreich

„Besonders bei dieser Auswahl sollte durch die Antwort auf „WARUM" die aktuell gültige Begründung nachgewiesen werden. Änderungen sind dann bei der nächsten Messung schnell deutlich. Es gehört halt einfach zum fundierten Vorgehen dazu."

„Ja, ja, dieses Stichwort „fundiert" als Hinweis für unserer bewusste, systematische Arbeit.
Wir mussten das auch im Bewerbungsprozess des PE-award2006 immer wieder hören, ..."

Frau Maria Weitblick

Herr Heinz Erfahrungsreich

„Ja, ein sehr wichtiges Wort, mit einem unglaublich großen und großartigen Inhalt.
Es ist deshalb auch deutlich in das Maßsystemen der Excellence-Modell eingearbeitet."

"Nun, über die Einzelfragen/-themen aus den Modellen haben wir unsere Ziele definiert.

Sie sind im „P" wie Plan aus dem PDCA bekannt gemacht.

Wir haben in der Projektabwicklung auf unsere vereinbarten Planziele hin gearbeitet. So das „D" wie Do im PDCA realisiert.

Der jeweiligen Status zum Zeitpunkt der Messung dokumentiert sich im Wert der Abwicklungsgüte. Wir sind im „C", wie Check, des PDCA.

Im „A" wie Act des PDCA vergleichen wir den Planwert der Abwicklungsgüte mit dem Istwert und wissen, ob wir

➢ an der Zielerreichung noch arbeiten müssen, weil IST < SOLL

oder

➢ dieses Ziel bereits erreicht haben, weil IST = SOLL

oder

➢ bereits weiter sind als wir plangemäß eigentlich wollten, weil IST > SOLL.

Frau Silke Human

Herr Heinz Erfahrungsreich

"Aus dieser Eingliederung folgen direkt weitere Aktionen.

Für IST < SOLL überlegen wir uns, was wir für die Zielerreichung möglichst effektiv und effizient noch machen müssen.

Wir hätten damit einen neuen Plan für unseren PDCA.

…

Herr
Heinz
Erfahrungsreich

… Für IST = SOLL überlegen wir uns, wie wir möglichst effektiv und effizient das Erreichte bewahren. Dabei denken wir darüber nach, ob unser ursprünglicher Plan für uns noch richtig ist.

Für IST > SOLL wundern wir uns kurz, dass wir so einfach unser Ziel überschritten haben.
Folgerichtig gibt es nur zwei konsequente Schritte:
➢ Wir korrigieren unser ursprüngliches Ziel auf den Istzustand.
Damit haben wir unseren Plan erreicht.
Wir verfahren wie unter IST = SOLL geschildert,
oder
➢ Wir stellen fest, dass unser ursprüngliches Ziel richtig war und immer noch ist.
Den Aufwand, den wir getrieben haben um über unser Ziel hinaus zu schießen, reduzieren wir umgehend und vermeiden auf jeden Fall eine Wiederholung."

„Reicht es manchmal nicht auch das Erreichte zu bewahren?"

Frau
Maria
Weitblick

| *Herr Heinz Erfahrungsreich* | „Natürlich werden wir auch überlegen, wie wir möglichst effektiv und effizient das Erreichte bewahren. Wir können hierfür direkt die vorgenannten Überlegungen zur Unter- oder Überschreitung von vereinbarten Zielen analog nutzen. |

„Alles ganz einfach, logisch und FUNDIERT."

Frau Maria Weitblick

Frau Weitblick schmunzelte, hatte aber auch einen Unterton leichter Verzweiflung in der Stimme.

Herr Erfahrungsreich und Frau Human sahen sich gegenseitig an und reagierten auf die Stimmlage von Frau Weitblick mit erkennendem Nicken.

| *Frau Silke Human* | „Genau das ist unser „kleines" Problem. Es klingt so einfach und folgerichtig. Es ist so glasklar und so TRANSPARENT, dass es jeder sehen kann. Genau hier ist auch die wahrscheinliche Ursache dafür, warum wir alle möglichst vermeiden so zu arbeiten." |

Herr Heinz Erfahrungsreich	„Es ist eine der komplexesten Baustelle unserer Kollegen aus dem Qualitätsmanagement. Das alte Erziehungsparadigma von „Fehler gleich Strafe" muss aufgebrochen werden. Wenn wir das endlich in unserer Unternehmenskultur geschafft haben, löst sich auch das vorgenannte „kleine" Problem in Luft auf. Dann ist Transparenz nicht mehr gefährlich, sondern eine tolle Basis für die sachliche Kommunikation. Bis dahin besteht weiterhin die Führungs- und Vorbildaufgabe das Paradigma zu durchbrechen. Wir müssen uns/unsere Kollegen ermuntern transparent zu arbeiten."
Frau Maria Weitblick	„Sehr gutes Schlusswort für unser heutiges Treffen. Lassen Sie uns noch kurz zusammenfassen

> ➤ wie wir weiter vorgehen und

> ➤ eine kurze Retrospektive zum Treffen selbst machen."

An dieser Stelle endet die Episode 1.

Sie, lieber Leser, sind nun gefragt mit den Inhalten der Episode für sich und Ihr Unternehmen etwas zu machen. Viel Spaß dabei!

Episode 2
Die *project*PROFiT-Methode® (Kurzbeschreibung):

Wir sind anders als in der Episode 1 dieses Mal nicht direkt dabei um das Gespräch zu den Details der *project*PROFiT-Methode® zu verfolgen.

Herr Erfahrungsreich hatte es allein übernommen die Information an Frau Weitblick zu geben.

Vorab stellte er ihr das Buch zur Methode[21] (Fit im Projekt) zur Verfügung.

Bei dem Treffen selbst nutzte er die im folgenden Bild 10 gezeigte Kurzinformation.

Weiterhin hat er Frau Weitblick von den vorliegenden Erfahrungen zur Methode berichtet, indem er auf Veröffentlichungen[20] zurückgriff.

Ergänzend berichtete er über interne Erfahrungen. Darin ist der Fragebogen zu Methode von 3 verschiedenen Projektleitern einmalig und mehrfach im jeweiligen Projekt angewendet worden ist.

Die Bearbeitungszeit von 1 Stunde für die Erstbewertung ging auf bis zu 10 Minuten für die zweite Wiederholungsbewertung herunter.

In einem Projekt war das gesamte Projektteam in die Bewertung eingebunden. Die Bewertung mit allen 8 Teammitgliedern ist in einem Tagesworkshop durchgeführt worden.

Neben der gemeinsamen Bewertung der Abwicklungsgüte hat Herr Erfahrungsreich von zwei weiteren Effekten dieses Workshops berichtet:

---

[21] „Fit im Projekt" ISBN 3-8334-1981-4

➢ alle Beteiligte hatten beim Abschluss den identischen Informationsstand zum Projekt und

➢ die Diskussionen sind ausschließlich auf der sachlichen Ebene abgelaufen. Für emotionale Argumente ließen die Fragen der Methode wenig bis gar keinen Spielraum.

Das hat die Vereinbarung des Ergebnisses (Konsensbildung) und die konsequente PDCA-Arbeit unterstützt.
Schuldzuweisungen waren von den Beteiligten als kontraproduktiv erkannt und einvernehmlich vermieden worden.

Frau Weitblick nahm gerne das Angebot von Herrn Erfahrungsreich auf, bei Gelegenheit diese Aussagen in direkten Gesprächen mit den damals Beteiligten zu verifizieren. Auch die Anregung von Herr Erfahrungsreich an einem solchen Workshop direkt teilzunehmen wurde dankbar aufgenommen.

Zum Abschluss des Gespräches unterhielten sich beide noch darüber, ob die Wortwahl im Fragebogen der Methode zur TA-GmbH und ihrer Unternehmenskultur passt.
Als sinnvoll wurde erachtet, alle Fragen zu prüfen. Eine erste Schätzung ergab, dass ca. 10 % der Fachbegriffe „übersetzt" und auch im „Satzbau" die interne Sprache der TA-GmbH abgebildet werden sollte. Diese Arbeiten wurden gemeinsam als Projekt definiert, jedoch mit untergeordneter Priorität eingestuft.

An dieser Stelle endet die Episode 2.
Auch hier liegt die weitere Initiative nun bei Ihnen, lieber Leser.

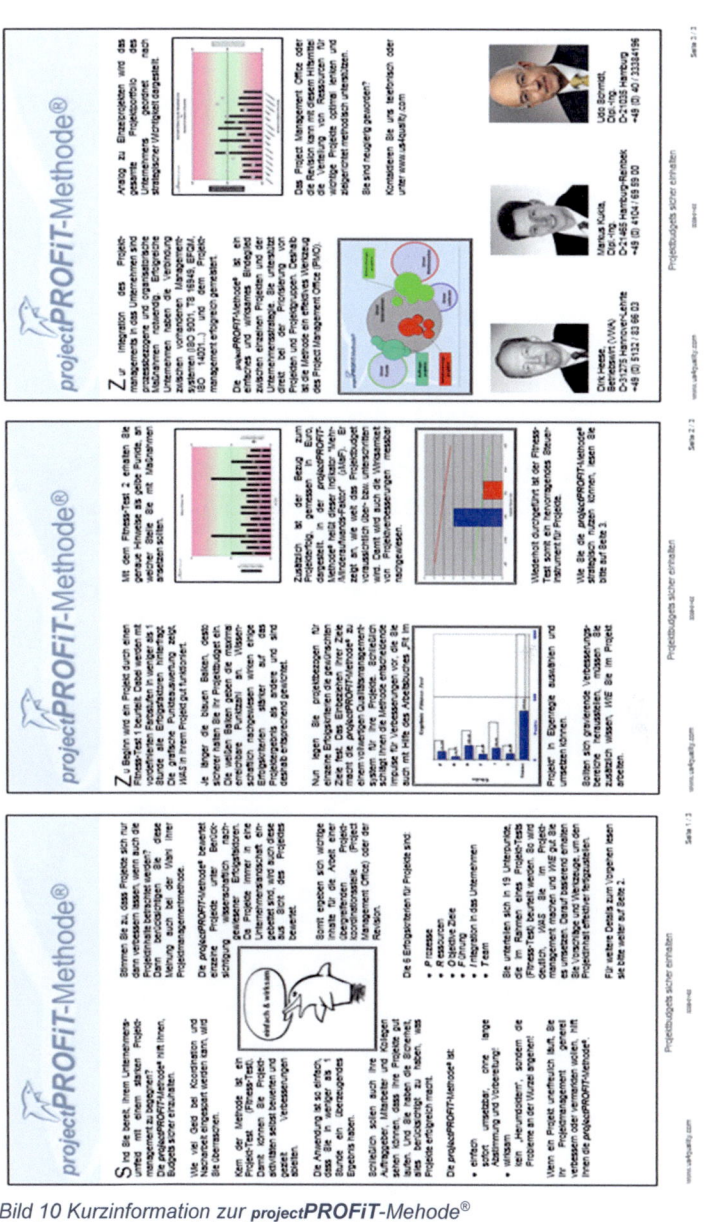

Bild 10 Kurzinformation zur projectPROFiT-Mehode®
https://us4quality.com/wp-content/uploads/2018/05/3-Seiter-pP_2018-05-08.pdf

Episode 3
Grundsätzliche Fragen zur PM-Kompetenz:

Frau Maria Weitblick	„Hallo Frau Human und Herr Erfahrungsreich, schön, dass wir so schnell den separaten Termin gefunden haben. Ich bin schon gespannt auf die Vorstellung Ihrer Ideen zum Kompetenzaufbau unserer Mitarbeiter im PM. Dann lassen Sie mal hören …."

„Wir haben uns beim letzten Mal über das Steuern der Faktoren zum Projekterfolg an Hand dieses Bildes hier unterhalten."

Frau Silke Human

Frau Maria Weitblick

„Sie meinen dieses Bild hier, richtig?"

Frau Weitblick legte ihre Kopie des Bildes 11 auf den Tisch.

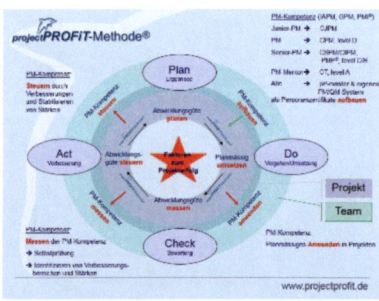

Bild 11 identisch zu Bild 9

„Genau. Wir freuen uns, dass Sie Ihre Kopie des Bildes zur Hand haben.
Wir haben uns ja beim letzten Gespräch über das Steuern der Faktoren zum Projekterfolg an Hand dieses Bildes unterhalten."

Frau Silke Human

Herr
Heinz
Erfahrungsreich

„Dabei sind zur „PM-Kompetenz",
hier oben rechts im Bild, diese
Fragen formuliert worden:

1. Welche Methoden und
   Werkzeuge des PM wollen /
   sollen wir verwenden?

2. Welche Vorgehensweise zur
   Projektabwicklung wollen /
   müssen wir verwenden?

3. Wollen wir eine individuelle
   Vorgehensweise zur
   Projektabwicklung als eine
   besondere Kompetenz unseres
   Unternehmens aufbauen und
   vermarkten?

4. Wollen wir unsere Mitarbeiter
   mit allgemein anerkannten
   Personenzertifikaten ausstatten
   und wenn ja, mit welchen?"

„Weiterhin hatten wir unter Nummer 5.
festgehalten, wie

Frau
Silke
Human

5. wir den PM-Wissens-aufbau, -
   übertrag und -erhalt im Unternehmen
   steuern? Intern oder extern oder
   kombiniert?

Herr
Heinz
Erfahrungsreich

„Bevor wir direkt auf diese Punkte
eingehen, noch ein grundsätzlicher
Abgleich zum Stand der Technik im
Projektmanagement.

Herr
Heinz
Erfahrungsreich

„Wir haben Einvernehmen, dass:

a. Methoden und Werkzeuge, die für die Projektabwicklung zur Anwendung kommen, sind seit Jahren bekannt, erprobt und befinden sich in steter Optimierung.

b. Diese Methoden und Werkzeuge werden auch von anderen Fachrichtungen, z.B. Qualitätswesen, SixSigma, Coaching, u.v.m. erfolgreich genutzt."

Alle Beteiligten nickten zustimmend.

„Die Namen der Methoden und Werkzeuge mögen sich unterscheiden. Die Inhalte sind identisch, mindestens jedoch direkt vergleichbar.

Herr
Heinz
Erfahrungsreich

➤ Im Markt werden für diese Methoden und Werkzeuge verschiedenste Produkte angeboten, z.B. Trainings, Coachings, Software, Vorlagen/Formblätter, u.v.m.. Die Anzahl der Anbieter ist sehr groß.

➤ Hilfsweise werden diese Methoden und Werkzeuge in Modellen / Philosophien angeordnet. Diese sind i.R. Vorgangs- oder Kompetenz-Orientiert, …

...
- ➤ wie z.B. von den folgenden Promotoren
  - ➤ Kompetenzorientierung beim GPM-Modell[22]➜ICB[23]
  - ➤ Vorgangsorientierung bei den Modellen der
    - ➤ PMI[24] ➜ PMBoK[25]
    - ➤ IAPM[26] ➜ PM-guide[27]
- ➤ Für die Philosophien, wie auch für die Werkzeuge und Methoden sind im Markt Ausbildungen im Angebot. Diese werden mit (Teilnahme-) Zertifikaten dokumentiert.
- ➤ Alle Philosophien, Methoden und Werkzeuge bestehen im Markt generisch. Das Angebot ist für alle Interessenten gleich und muss u.U. auf die individuelle Nutzungssituation angepasst werden.
- ➤ Es sind vergleichende Informationen zu den angebotenen Philosophien, Methoden, Werkzeugen verfügbar[28]. ...

Herr
Heinz
Erfahrungsreich

---

[22] GPM (Deutsche Gesellschaft für Projektmanagement), www.GPM-IPMA.de
[23] ICB (Individual Competence Baseline), https://www.gpm-ipma.de/fileadmin/user_upload/Know-How/ICB4/IPMA_ICB_Deutsche_Fassung_Version_2016_12_01.pdf
[24] PMI® (Project Management Institute) www.pmi.org
[25] PMBoK® (Project Management Book of Knowledge, https://www.pmi.org/pmbok-guide-standards/foundational/pmbok
[26] IAPM (International Association of Project Managers), www.iapm.net
[27] https://www.iapm.net/de/zertifizierung/zertifizierungsgrundlagen/ueberblick/
[28] Exemplarischer Vergleich von PM-Zertifikaten, https://www.xing.com/profile/Udo_Schmidt/portfolio?sc_o=mxb_p

…
➢ Manche dieser Vergleiche beinhalten auch Aufwands-/Kostenwerte."

Herr
Heinz
Erfahrungsreich

Frau
Silke
Human

„Wir müssten einen solchen Vergleich aktualisieren und auf unsere Bedürfnisse anpassen."

Alle Beteiligten nickten wieder zustimmend und Frau Human führte fort:

„Auf dieser Basis der im Markt verfügbaren Informationen und mit der Kenntnis der individuellen Bedürfnisse unserer TA-GmbH haben wir, Herr Erfahrungsreich und ich, Ihnen den folgenden Vorschlag für die Personalentwicklung des PM bei uns ausgearbeitet.
Die Kurzform ist ja bereits in unser Bild oben rechts eingearbeitet. …

Frau
Silke
Human

PM-Kompetenz		(IAPM, GPM, PMI®)
Junior-PM	➔	CJPM
PM	➔	CPM, level D
Senior-PM	➔	CSPM/CIPM, PMP®, level C/B
PM-Mentor	➔	CT, Level A
Alle	➔	pP-master & eigenes PM/QM-System als Personenzertifikate aufbauen

Bild 12 Bildausschnitte aus Bild 9

… In der linken Spalte sind unsere möglichen Stufen der PM-Kompetenz. Die rechte Spalte zeigt die entsprechenden PM-Zertifikate von IAPM, GPM und PMI®.

Frau
Silke
Human

Wir haben dabei Ihren besonders Wunsch berücksichtigt.
Frau Weitblick, Sie möchten keine Prüfung ohne Fallstudien und persönliches Prüfungsgespräch.
Einige wenige Promotoren bieten dies an.
Wir müssen entscheiden, ob wir uns an diese binden wollen.

Alternativ und um die individuelle Situation der TA-GmbH zu berücksichtigen schlagen wir jedoch vor, diese PM Prüfungsanteile in Eigenregie zu gestalten.
So haben wir jede Möglichkeit

> Fallstudien für uns direkt nutzbar zu halten und
> mit unseren Prüfern die Prüfungsgespräche nach unseren Bedürfnissen zu gestalten.

Der Mehraufwand würde durch den zu erwartenden Nutzen um ein Vielfaches aufgewogen.
Auch würden wir sehen, dass dieses Vorgehen unter Betrachtung der Gesamtkosten über definierte Zeiträume ökonomisch wäre."

… hier endet die Beschreibung dieser Episode 3.

Die letztendliche Entscheidung der TA-GmbH ist zwar im fiktiven Raum des Buches interessant, real jedoch für Sie als Leser weder hilfreich noch zielführend.

Wie die TA-GmbH wird jedes Unternehmen seine individuellen Antworten auf die vorgenannten Fragen 1 bis 5 zum Kompetenzaufbau, -erhalt und –ausbau finden müssen.

Die generischen Vorlagen der Promotoren[22,23,24,26] helfen dabei.

Die geschickte Auswahl einer kompetenten Beratung und deren Erfahrungen können weiterhin unterstützen.

Episode 4

Ist ein Projekt ein Unternehmen?
... und wenn ja, passt Episode 1 auch fürs Unternehmen?

Bei einer internen Feier der TA-GmbH standen Frau Weitblick, Frau Human, Frau Lean und Herr Erfahrungsreich beisammen.

Frau Kira Lean, die Leiterin Qualitätsmanagement und SixSigma bei der TA-GmbH, berichtete gerade begeistert von der letzten Verleihung des Ludwig Erhard Preises (LEP)[29].
Neben der Schilderung der begeisternden Atmosphäre bei der Verleihung, fesselte ihre beispielhafte Darstellung aus den Ergebnisberichten.

Frau Weitblick bat dann auch Frau Lean um weitere Erläuterungen zum immer wieder genannten Stichwort „LEP auf Basis des EFQM-Modell".

Da sowohl Frau Human, als auch Herr Erfahrungsreich diese Bitte gehört hatten, boten sie Frau Lean eine vorherige Information über die Gespräche zur Projekt Excellence (Episode 1) an.

---

[29] LEP (Ludwig Erhard Preis), https://ilep.de/Programmbereich/p-cmx53f328bd49ac3/mp-Ludwig-Erhard-Preis/rp-cmx53f328bd49ac3/cmx53f328bd49ac3.html

Frau Human und Herr Erfahrungsreich behaupteten in dem Gespräch die folgende These provozierend:

Die Abwicklungsgüte eines Projekts ist analog der Markterfolg eines Unternehmens.

Konsequent stellten sie die weitere These auf:

Ein Projekt ist wie ein temporäres Unternehmen zu verstehen und vice versa.

Diesen Thesen verfolgend verstand Frau Lean das Bild 9 aus Episode 1 sofort.
Lediglich das Messsystem der *projectPROFiT*-Mehode® identifizierte Sie als spezifisch für Projekte und damit als unpassend für die Unternehmensbetrachtung.

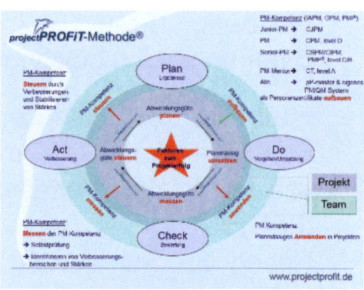

Bild 13 identisch zu Bild 9

Wäre es möglich ein analoges Meßsysteme für Untenehmen zu finden, so würden die Aussagen aus der Episode 1 auch für eine Unternehmensbetrachtung direkt gelten.

Glücklicherweise war Frau Lean nicht nur bei der Preisverleihung des LEP.
Sie hatte diese Gelegenheit auch genutzt, um Kontakte zu den Assessoren und Promotoren des EFQM-Modells[30] zu knüpfen. Dabei bekam sie unter anderem die Information, dass das komplette EFQM-Modell als freier download verfügbar ist[30]. Natürlich hat sie davon Gebrauch gemacht und sich nochmals intensiv mit dem Modell und seinen Inhalten vertraut gemacht.

---

[30] http://www.efqm.org/efqm-model/efqm-excellence-model-2013-free-download

Der Inhalt des download beschreibt neben den Kriterien des Modells auch dessen Beurteilungs-/Messsystem. Dieses System ist für eine Messung des o.g. nachhaltigen Unternehmenserfolges[31] direkt geeignet.
Für Frau Lean der erste Nachweis, dass das in Episode 1 geschilderte Vorgehen vollständig anwendbar bleibt.

Mit diesen Voraussetzungen ging Frau Lean in das erbetene Gespräch mit Frau Weitblick, Frau Human und Herrn Erfahrungsreich.

Frau Weitblick eröffnete das Gespräch mit einer Nachfrage an Frau Lean:

Frau Maria Weitblick	„Wir haben ja von den Faktoren für den Projekterfolg gehört. Wir haben deren Relevanz für uns erkannt und uns deshalb auf das Steuern dieser Faktoren für unsere Projekte eingelassen. Vermute ich richtig, wenn ich sage, dass in dem EFQM-Modell die Faktoren für den nachhaltigen Unternehmenserfolg enthalten sind?"

„Genau so ist es. Die Nachweise dafür sind empirisch und zeigen über einen längeren Untersuchungszeitaum das Unternehmen, die sich nach dem Modell ausrichten, nachhaltig mehr Erfolg am Markt haben, als andere Unternehmen, die das Modell nicht nutzen."[32]	*Frau Kira Lean*

---

[31] EFQM zur Organisationsentwicklung, ISBN 978-3-446-45518-4
[32] Benchmark-guides auf http://www.efqm.org/members-area/knowledge-base/category/user-guides

Frau *Silke* *Human*	„Für unsere TA-GmbH ergibt sich noch ein weiterer Vorteil. Die Modelle zur Steuerung der Abwicklungsgüte von Projekten und des Erfolges von Unternehmen nutzen generisch die gleichen Prinzipien und fast identisches Vokabular. Wir haben so also eine einheitliche Komunikationsbasis."

„Das würde die gesamte Vorgehensweise deutlich erleichtern. So können wir beide Bemühungen kombinieren und als integriertes Vorgehen kommunizieren und einführen.

Frau
Maria
Weitblick

… aber nochmals zur Sicherheit.

Mit dem EFQM-Modell können wir für unser Unternehmen einen analogen geschlossenen PDCA- oder RADAR-Regelkreis leben, wie wir ihn für die Projekte bereits diskutiert haben?"

Frau *Kira* *Lean*	„Vielen Dank für diese Nachfrage, Frau Weitblick. Ja, das ist richtig. Diese fundierte Vorgehensweise und der mögliche Nutzen ist in allen besprochenen Aspekten analog. Aus dem Bild 9 entsteht ein neues Bild, das ich Ihnen hier mitgebracht habe.

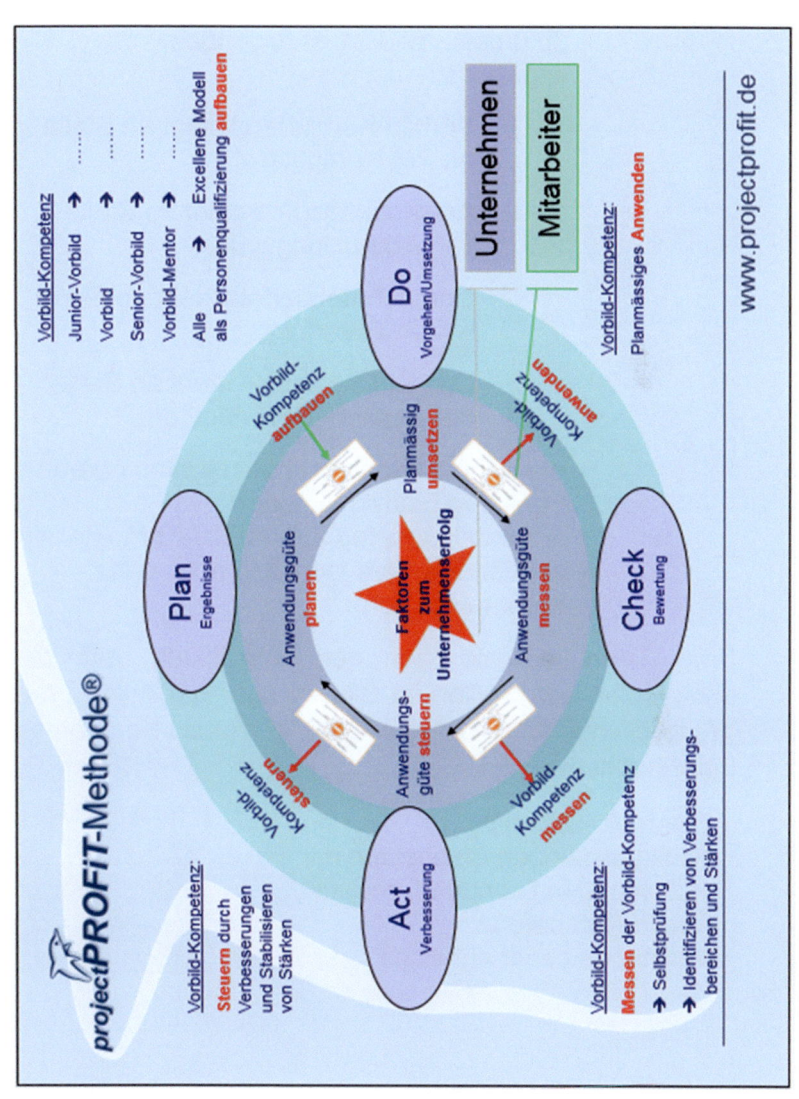

Bild 14 Steuern des Unternehmenserfolgs im geschlossenen PDCA/RADAR

Frau
Kira
Lean

„In diesem Bild 14 ist folgendes
angepasst:

> ➤ Vorbild-Kompetenz steht an Stelle
>   on PM-Kompetenz

> ➤ Anwendungsgüte steht an Stelle
>   von Abwicklungsgüte

> ➤ Untenehmenserfolg steht an Stelle
>   von Projekerfolg.

> ➤ Das EFQM-Modell steht an Stelle
>   der *projectPROFiT*-Methode®

Weiterhin haben wir in der rechten oberen
Ecke den Eintrag für einen
„Entwicklungspfad zur Vorbild-Kompetenz
abgeändert. Das jedoch in noch ganz
allgemeiner Form."

Frau Lean deutete bei der Aufzählung auf die
entsprechenden Stellen im Bild 14 und wurde von Frau
Weitblick bei dem Hinweis auf die Vorbild-Kompetenz
unterbrochen:

„Einen Moment bitte!
Die Anpassungen erscheinen mir
logisch und einleuchend, bis auf die
Vorbild-Kompetenz.
Was hat es damit auf sich?"

Frau
Maria
Weitblick

Frau Weitblick schaute bei der Frage herausfordernd zu Frau Lean.

Frau Human, als Leiterin der Personalentwicklung, liess es sich jedoch nicht nehmen umgehend darauf zu antworten:

Frau Silke Human	„Für das Entwickeln der PM-Kompetenzen haben wir uns bereits auf Inhalte und ein Karrieremodell geeinigt. Das Karrieremodell spiegelt dabei die so genannte „Seniorität" der beteiligten Mitarbeiter. Unternehmenserfolg ist ursächlich mit Begriffen wie Führung und Vorbild verbunden. Beide Begrffe sind jedoch an keine Hirachiestufen geknüpft. Unsere Unternehmenskultur erwartet von jedem Mitarbeiter fundierte Führung und Vorbild."

Das deutliche zustimmende Nicken von Frau Lean und Herrn Erfahrungsreich quittierte Frau Weitblick mit:

„Genau eine solche Erläuterung hatte ich erwartet. Mit diesem neuen Bild 14 und dem Begriff Vorbild-Kompetenz, sowie dem Meßsystem des EFQM-Modells haben wir alle Voraussetzungen um alle unsere Mitarbeier fundiert und zielgerichtet zu entwickeln."	*Frau Maria Weitblick*

Hier endet die Episode 4.

Aus den Erfahrungen von diversen Assessoren des EQA / LEP[33] seinen abschliessend einige gleichartige und bemerkenswerte Erkenntnisse berichtet:

> Ist die Unternehmensführung überzeugt vom Nutzen des Excellence-Modells, so fördert das eine gesamthafte, zügige und nutzbringende Einführung deutlich.

> Einzelne Organisationseinheiten verhalten sich analog zu einem Gesamtunternehmen. Sie können so zu beispielhaften „Leuchttürmen" werden. Sie können andere Organisationseinheiten (... und Unternehmen) zur Nachahmung anregen (... das wollen wir auch!).

> Und natürlich gilt auch hier, das Excellence-Modelle generisch sind.
Sie werden erst richtig wertvoll, wenn sie an die Besondereiten des Unternehmens angepasst sind.

> Die Erfolgsgeschichten und Erfahrungen aus anderen Unternehmen, können den Prozess der Individualisierung beschleunigen / unterstützen.

Dabei ist unkritisches Kopieren unbedingt zu vermeiden, ehrenhaftes Nachahmen und erlaubt Übernehmen jedoch empfehlenswert.

---

[33] www.efqm.org

Episode 5
Nachhaltigkeit und Hartnäckigkeit:

Die Episoden 1 bis 4 schauen mehr in die operative Arbeit der TA-GmbH. Sie betrachten Zusammenhänge, zum Beispiel der allgemeinen Erkenntnis zu den Faktoren von Projekt- und Unternehmenserfolg und deren mögliche Bedeutung für die TA-GmbH.
Weiterhin geben sie einen Ausblick darauf, wie die TA-GmbH diese Erkenntnisse möglicherweise nutzen könnte.

Alle Episoden enden in ihrer direkten Schilderung jedoch mit dem Schritt des Einführens. In allen 4 Episoden der Zeitpunkt zu dem der Leser angesprochen wird und das Angebot der Übernahme des „Staffelstabes" erhält.

Die weiteren Schritte des geschlossenen PDCA sind in der Erläuterung der Bilder, insbesondere Bild 9 und 14, angesprochen.

Der PDCA/RADAR lebt jedoch nicht ausschließlich vom ersten Schritt. Nur wenn er vollständig und immer wieder durchlaufen wird, entfaltet er seinen Nutzen für den Anwender.
Deshalb die für dieses Buch abschließende Episode mit dem Titel „Nachhaltigkeit und Hartnäckigkeit".

Treffen Sie Frau Human und Herr Erfahrungsreich zu einem gemeinsamen Mittagessen.

Am Tisch ist die nachdenkliche Stimmung von Frau Human deutlich erkennbar.
Auf eine fürsorgliche Nachfrage von Herrn Erfahrungsreich antwortet sie:

„Wir haben ja gute Vereinbarungen mit Frau Weitblick gefunden."

Frau Silke Human

Herr Heinz Erfahrungsreich

„Und warum freut Sie das offensichtlich nicht nur?

Fragen Sie sich auch, ob die Vereinbarungen nur mit Frau Weitblick oder auch mit der Geschäftsführung getroffen worden sind?

… wie immer diese heute und in Zukunft aussehen wird!?"

„Ja genau, das bewegt mich momentan. Von Ihnen, wie auch von Frau Lean habe ich immer wieder gehört, dass Bemühungen um Excellence eher mittel- und langfristig wirken.

Weiterhin, dass diese Bemühungen stark von Führung und Vorbild abhängen.

Mit Frau Weitblick hat unser Unternehmen eine Überzeugte auf seiner Seite. Sie treibt das Bemühen und ist deutliches Vorbild für alle."

Frau Silke Human

Herr Heinz Erfahrungsreich

„Das sind Gedanken, die ich aus meiner Assessorentätigkeit kenne. Alle bisher besuchten Unternehmen haben das EFQM-Kriterium 3a sehr unterschiedlich besetzt."

„Richtig, in dem Kriterium 3a wird das Thema *Nachfolgeregelung* behandelt.

Frau Silke Human

Ein Punkt den wir für unsere TA-GmbH idealerweise für alle unsere Mitarbeiter besetzten sollten.
Ich werde im Personalwesen dazu einen Prozess aufbauen und einen Prozesseigentümer finden."

Herr Heinz Erfahrungsreich

„Und berücksichtigen Sie bitte auch die Wechselwirkung zum Wissensmanagement.
Das EFQM-Modell hat gerade hierzu in den Befähiger- und den Ergebniskriterien gleich mehrere Referenzen."

„Ein sehr guter Hinweis.
Wenn wir für diese beiden Punkte eine für uns passende Lösung finden, können wir auch herausragende Leistungen von Schlüssel-Mitarbeitern beruhigter begrüßen.
Wir erkennen diese auch an, wenn wir diese sichtbar nachhaltig für unser Unternehmen erhalten."

Frau Silke Human

Herr Heinz Erfahrungsreich

„Flankierend sollten wir auch darauf achten, unser Excellence Vorgehen in den Grundfesten unseres Unternehmens zu verankern."

„Sie meinen damit, dass wir Vision, Mission und Strategie der TA-GmbH überarbeiten sollten?".“

Frau Silke Human

Herr Heinz Erfahrungsreich

„Richtig!
… und ganz wichtig wäre es in der Strategie unsere BSC[34] deutlich anzupassen.“

„Das wäre toll und hätte weitere Effekte.

Insbesondere wenn wir in der Geschäftsführung Neubesetzungen machen müssten.
Erkennbarer Fokus auf Nachhaltigkeit für unser Unternehmen in unserer Vision würde für jede Neubesetzung eine verpflichtende Voraussetzung bilden.“

Frau Silke Human

Sinnierte Frau Human deutlich weniger nachdenklich und brachte so ein Lächeln auf die Lippen von Herrn Erfahrungsreich.

Wir verlassen hier das Mittagessen der Beiden

und beenden so die Episode 5.

---

[34] https://de.wikipedia.org/wiki/Balanced_Scorecard

Nachhaltigkeit und Hartnäckigkeit sind in Unternehmen intensiv miteinander verbunden.
In allen hier im Buch geschilderten Episoden sind hilfreiche Werkzeuge, Methoden und Wirkzusammenhänge dazu erwähnt.

Kenngrößen und deren Werte über der Zeit gemessen, ergeben eine Datenbasis für eine mögliche statistische Prozesskontrolle.
Daraus abgeleitete Tendenzen und Trends sind dann auch Indikatoren für Nachhaltigkeit und den Erfolg der Hartnäckigkeit.

In der Regel ist das Streben nach Nachhaltigkeit und Hartnäckigkeit im Unternehmen unstrittig, solange daran (möglichst) ALLE beteiligt sind. Individuelle Bedürfnisse und Befindlichkeiten ALLER sollten bei diesem Streben dringend beachtet werden.
Eine Aufgabe, die jedoch ausschließlich im jeweiligen Unternehmen und Umfeld individuell bewältigt werden kann.

Eine Aufgabe für Sie, lieber Leser.
(… oder für denjenigen, dem Sie dieses Buch (als Anregung) schenken, als Grundlage für Ihre gemeinsame Arbeit im Team.)

Verzeichnis der handelnden Personen

Die folgenden Personen sind als Namen, Rolle und Zugehörigkeit frei erfunden. Mögliche Ähnlichkeiten zu realen Personen sind rein zufällig und nicht beabsichtigt. Die Sortierung ist nach intern/extern TA-GmbH und alphabethisch zum Nachnamen.

Name intern zur TA-GmbH	Rolle intern zur TA-GmbH
Heinz Erfahrungsreich	Projektleiter Projektmanagement (PM)
Silke Human	Leiterin Personal (HR) und Personalentwicklung (PE)
Kira Lean	Leiterin Qualitätsmanagement und SixSigma
Maria Weitblick	Geschäftsführung

Name extern zur TA-GmbH	Rolle extern zur TA-GmbH
Karl Consult	Berater (QM/PM), Assessor im LEP und PE-award

Schlusswort

An dieser Stelle verlassen wir nun auch das Unternehmen Tolle Anlagen GmbH (TA-GmbH).

Es ist der Moment, Sie als Leser nochmals anzuregen, das Gelesene in Ihre Situation, Ihr Unternehmen zu übertragen.

Beurteilen Sie bitte,
- ob das Lesen bisher Ihre Erwartungen erfüllt hat (… vom Inhalt und seiner Kurzweiligkeit)
  → nur dann werden Sie die Inhalte auch für sich nutzen.

- wie Sie mit den Anregungen umgehen möchten,
  → nur dann empfehlen Sie das Buch und seine Inhalte auch Ihren Kollegen, um Sie für Ihre gemeinsame Sache zu gewinnen.
  So können Sie zum Beispiel gemeinsam ein weiteres strategisches und individuelles Vorgehen für Ihr Unternehmen planen,

- ob Sie das Gelesene so neugierig macht, dass Sie weitere Informationen zu und von anderen erfolgreichen Unternehmen möchten,
  → nur dann werden Sie sich zum Beispiel um benchmarks[35] bemühen[36,37].

---

[35] https://de.wikipedia.org/wiki/Benchmark
[36] https://ilep.de/Programmbereich/p-cmx542cff4544698/mp-Austausch/rp-cmx542cff4544698/cmx542cff4544698.html
[37] Hinweis auf kompetente Beratung: www.us4quality.com oder Nachfrage bei kompetenten Vereinen/Verbänden (ILEP, DGQ, VDI, etc.)

Bitte vertrauen Sie gerne auch darauf, dass Sie in Ihrer Aufgabe und Rolle durchaus in der Lage sind, die identifizierten Anregungen umzusetzen. Der Rahmen und der Umfang mögen individuell variieren.

Machen Sie es und machen Sie es bitte fundiert!
Sie haben in der Regel dafür leider nur eine Chance.

Erinnern Sie sich bitte weiterhin daran, dass Sie weder der Erste, noch der Letzte sind, der solche Anregungen nutzen möchte.
Zugegeben ist/wird es nicht ganz einfach Ihre Vorgänger und möglichen Mitstreiter zu finden.
Seien Sie versichert, es gibt sie und sie sind auch willens ihre Erfahrungen zu teilen.
„Fragen hilft" immer, entweder

➤ Virtuell z.B. mit Hilfe des Internets

oder

➤ Real durch persönliche Konsultation im Gespräch*
     * Verbände und Vereine, Treffen und Konferenzen, eigene und fremde Netzwerke sind potentielle Quellen und natürlich auch Karl Consult (… und seine Kollegen)

Lassen Sie sich nicht entmutigen.

Das Thema ist langwierig und nachhaltig.

Es hat viele kleine und grosse Erfolge und immer neue Herausforderungen.

Nutzen Sie bitte Ihre Aufmerksamkeit und Sensibilität um diese zu erkennen und zu ergreifen.

.... und „reden" Sie darüber!

Sie können die Themen tradiert und agil bearbeiten.

Nutzen Sie Ihren *flow*[38] und erhalten Sie sich vor allen Dingen IHREN Spaß daran.

Bleiben Sie geduldig und hartnäckig.

Nehmen Sie sich gerne ein Beispiel an den Zitaten aus Geschichten von Schweinchen Dick[39] mit „immer recht fröhlich bleiben" oder den Figuren von Sascha Grammel[40] mit „hetz mich nicht!".

Es lohnt sich!

Viel Zufriedenheit, Herausforderung und Freude wünscht Ihnen Ihr Autor

Udo Schmidt[41].

---

[38] https://de.wikipedia.org/wiki/Flow_(Psychologie)
[39] https://de.wikipedia.org/wiki/Schweinchen_Dick
[40] https://www.saschagrammel.de/
[41] https://us4quality.com/die-ansprechpartner

Für Sie und Ihren Start

Eine noch leere Seite für Ihre Notizen:

Verzeichnis der Bilder

Stichwortverzeichnis

Autor

Ihr Ansprechpartner im Unternehmen

Udo Schmidt

12.01.1952
verheiratet, 1 Sohn (geb. 1983)
Gelsenkirchen, Beckum, Johannesburg, Geesthacht, Hamburg
Mittlere Reife
Betriebsschlosser / Grubenschlosser
Ing.- grad. Maschinenbau / Bergwesen
Dipl.-Ing. Maschinenbau / thermische Verfahrenstechnik
Projektleiter (PL), Senior-PL, Leiter Projektmanagement
Qualitätsmanager (QM), Qualitätsmanagementbeauftragter (QMB), SixSigma – Analyst & BlackBelt, Certified ScrumMaster, Certified Agile Project Manager (IAPM),interner Auditor TS 16949, PMP®, Certified Senior Project Manager (IAPM), Certified International Project Manager (IAPM)

Trainer, Gastdozent, Autor (Bücher, Fachartikel)
Senior Assessor, Assessoren-Trainer 0- & PM Preise

Senior Official und Ambassador der IAPM für die Metropolregion Hamburg
Lokaler Repräsentant des ILEP für Schleswig-Holstein
Mitglied des Leitungsteams des Fachkreises „Qualität und Projekte" der DGQ/GPM
Joggen, Tauchen, Motorradfahren, Skifahren, Golf, Tanzen, Reisen

- ➢ https://us4quality.com/die-ansprechpartner
- ➢ https://www.xing.com/profile/Udo_Schmidt/portfolio?sc_o=mxb_p
- ➢ https://www.linkedin.com/in/udo-schmidt-4348394/